LETTRE

SUR

LA RÉFORME JUDICIAIRE

EN ÉGYPTE

LETTRE

LA RÉFORME JUDICIAIRE

EN ÉGYPTE

A M. M⸱⸱⸱

Député à l'Assemblée Nationale de la République Française.

Mon cher ami,

Vous désirez être renseigné sur le caractère et la justification de ce problème dont, depuisplusieurs années, le Khédive poursuit la solution avec une si ferme constance, et vous vous étonnez tout d'abord de ce symptôme exceptionnel de mouvement et d'action venant d'un pays qui, pour le plus grand nombre, n'est plus, comme le Sphynx de granit qu'il garde et adore peut-être encore secrètement dans ses sables, que le témoin séculaire de l'immobilité, de la résignation et de la mort.

Vous trouvez étrange et vous recueillez cependant avec une confiante sympathie cette parole de vie, de résurrection, venant de l'Orient, et articulant à son tour, comme nos fiévreuses sociétés Européennes, ces formules de l'espoir et du progrès, *Réforme, Justice ?*

D'autre part, vous entendez autour de vous d'ardentes clameurs contre cette initiative vraiment énergique et incontestablement libérale du Gouvernement Egyptien ; et vous ne vous rendez pas compte des passions, des

colères, des outrages même que l'appréhension de sa vic-
toire suscite chez certains hommes dont vous ignorez ,
mais dont il n'est pas sans intérêt d'interroger et d'éclai-
rer les mobiles et les inspirations.

C'est une situation bien extraordinaire, en effet.

L'esprit oriental, par l'organe d'un gouvernement
absolu, despotique, mais héritier d'une grande et généreuse tradition politique, vient à notre civilisation: il in-
voque son concours pour l'accomplissement de ses des-
seins de régénération, il lui demande son organisation
judiciaire, il lui demande des magistrats, c'est-à-dire
qu'il appelle à lui, pour le guider, le soutenir et le proté-
ger dans sa merveilleuse entreprise, la conscience juridique de l'Occident.

Que répond l'esprit de l'Occident, par l'organe, non
pas de ses agents officiels qui rendent hommage aux
généreuses aspirations et aux hardis efforts de ce gouvernement, mais de certains groupes qui ont la préten-
tion de représenter plus que personne en ce pays la tradition Européenne ? Il répond *statu-quo*, maintien de
l'isolement, de la défiance, de la guerre des esprits, des
consciences, des intérêts. Dans l'ordre de nos préjugés,
c'est le renversement des rôles : le Gouvernement Egyptien veut marcher en avant, les Européens de la résistance et de la civilisation s'y opposent.

En face de ces contradictions, votre esprit s'émeut
et s'inquiète : ennemi des préventions aveugles, vous
vous réfugiez dans la réserve qui garde les délicats
scrupules, et pour aider l'étude que vous aurez bientôt

à faire vous même, comme législateur, de la proposition Egyptienne, vous me demandez mon opinion sur ce projet de réforme qui touche en vérité aux plus graves et aux plus recommandables intérêts.

Il s'agit, en effet, dans la pensée du Gouvernement Egyptien, d'organiser ici et d'appliquer à l'élément Européen et à l'élément indigène, dans leurs rapports respectifs, une administration de la justice appropriée aux nécessités nouvelles engendrées par l'immense mouvement économique qui a fait de l'Egypte, depuis trente ans, le plus grand comptoir international de l'Europe en Orient.

Je vous fais tenir tous les procès-verbaux publiés en 1870 par la Commission consulaire du Caire, et le rapport de la Commission diplomatique réunie en février dernier à Constantinople, pour statuer définitivement sur les propositions du Gouvernement Egyptien.

Je résumerai toutefois les conclusions de ce rapport, afin de pouvoir plus clairement, pour vous, exprimer mon appréciation et mon jugement.

Les étrangers qui habitent le Levant et qui relèvent d'un consulat quelconque, ont le privilége de ne pouvoir être jugés que par le tribunal de leur consulat ; et suivant la maxime universellement admise en Europe, *actor sequitur forum rei*, la nationalité du défendeur détermine, en matière civile et commerciale, la compétence de juridiction.

Il y a donc ici dix-sept juridictions indépendantes et trop souvent rivales les unes des autres, et conséquemment seize cours, soit en Europe, soit en Amérique, devant lesquelles les justiciables domiciliés en Egypte doivent aller soutenir ou combattre les appels des jugements rendus en ce pays par les tribunaux consulaires.

Ces dix-sept juridictions, en ce qui concerne la compétence civile et commerciale, sont remplacées par une juridiction unique, qui statuera souverainement sur toute contestation, entre personnes appartenant à des nationalités différentes, les consulats respectifs conservant le droit exclusif de juridiction, quand le différend n'intéressera que des personnes de même nationalité.

Voici l'économie de cette nouvelle et unique juridiction.

Il y aura en Egypte trois tribunaux de première instance, ayant leur siége au Caire, à Alexandrie, à Zagazig ; et une cour d'appel à Alexandrie.

Le tribunal sera composé de sept juges dont trois indigènes et quatre Européens : il ne pourra délibérer qu'au nombre de cinq, deux indigènes, trois Européens.

La cour, composée de onze magistrats, quatre indigènes et sept Européens, comptera sur le siége huit magistrats, soit trois indigènes et cinq Européens.

Chaque tribunal désignera à la majorité absolue des suffrages l'un des membres étrangers pour diriger ses travaux avec le titre de vice-président. La cour choisira de la même façon son vice-président.

A côté de cette magistrature fonctionnera un Ministère public ; et tribunaux et cour connaîtront, chacun en ce qui le concerne, directement et sans aucune ingérence administrative ou consulaire, de l'exécution de leurs décisions.

La cour et le tribunal connaîtront des délits et des crimes commis soit à l'audience, soit hors de l'audience, contre les magistrats et contre les officiers de justice dans l'exercice de leurs fonctions.

Le juge correctionnel ou criminel sera assisté d'un jury qui seul statuera sur la culpabilité du prévenu ou de l'accusé.

La compétence de cette juridiction embrassera toutes les matières civiles, commerciales et réelles immobilières, sauf, parmi ces dernières, celles qui concerneraient les Wakfs (fondations religieuses).

Le Gouvernement, les administrations publiques, les Daïras (administrations des fortunes privées) du Khédive et des princes seront justiciables de ces nouveaux tribunaux.

Tout fonctionnaire Egyptien pourra être poursuivi directement par les étrangers en réparation civile devant cette juridiction, à raison d'abus commis dans l'exercice de ses fonctions.

Les juges sont nommés par le Vice-Roi et choisis parmi les personnes qui justifieront avoir obtenu l'acquiescement et l'autorisation de leur Gouvernement.

Les juges sont inamovibles et leur avancement n'a lieu que sur la proposition de la magistrature.

Les audiences sont publiques et la défense est absolument libre. Un barreau est organisé près la cour d'appel, et composé des personnes munies d'un diplôme d'avocat.

Enfin, le Gouvernement Egyptien proposerait comme projet de législation uniforme en matière civile et commerciale une exégèse des codes Européens préparée par un esprit distingué, M Maunoury, ancien magistrat, secrétaire de la Commission consulaire du Caire et de la Commission diplomatique réunie à Constantinople, exégèse qui a pour base les principes du droit des gens dont la loi française est l'organe universellement accepté.

Telle est l'économie générale de ce projet.

Cela parait simple, net, judicieux; et pourtant, à entendre certaines critiques, cette réforme serait pleine de périls, menaçante pour l'avenir des établissements Européens, et habilement préparée pour devenir entre les mains du gouvernement un instrument redoutable d'intolérance et de domination.

Selon elles, les capitulations, ce Palladium sacré qui abritait depuis plus de deux siècles la sécurité des intérêts Européens, sont désormais anéanties, et la protection consulaire, qui rappelait la vigilante sollicitude de la mère-patrie, est remplacée par une juridiction sans caractère, sans personnalité, qui s'imposera par son origine même, comme une autorité exceptionnellement inviolable, à tous les intérêts.

Certains esprits, assurément dignes de respect, mais manquant de foi dans l'honnêteté des intentions et des caractères, redoutent la prépondérance de l'élément indigène; et, accusant la timidité qui domine, disent-ils, le tempérament musulman. dans les rapports des indigènes avec l'administration et le Gouvernement, ils voient avec appréhension convier à rendre la justice des hommes que leurs habitudes d'esprit, leurs préjugés et l'insuffisance de leurs lumières ne sauraient recommander pour d'aussi hautes responsabilités.

Le Gouvernement, ajoutent-ils, et le Vice-Roi se reconnaissent, il est vrai, justiciables de cette juridiction. Mais le souverain choisit et nomme lui-même les magistrats : or, sur l'esprit des juges indigènes l'influence du Gouvernement sera naturellement toute puissante ; quant à l'indépendance des magistrats étrangers, la faveur ne peut-elle pas l'atteindre ; et l'on va jusqu'à dire que la munificence du Khédive a su rendre flexibles bien des résistances. D'ailleurs n'est-il pas permis de douter que des tribunaux aussi hétérogènes dans leur composition puissent suffire à une œuvre qui demande des connaissances uniformes, une communauté de principes, qu'on ne saurait rencontrer dans une association fortuite d'hommes venant de patries diverses, et réunis de tous les points de l'Occident pour constituer une juridiction internationale sous l'investiture d'un gouvernement musulman.

Enfin, l'on reproduit le grief suprême de la prévention, formulé au sein de la Commission consulaire par le représentant Austro-Hongrois. M. de Shreiner, et qu'il exprimait ainsi :

« Il faut bien déclarer que la défiance porte sur la
« sincérité avec laquelle sera exécuté tout ce qui aura
« été conclu avec les puissances. » (Séance du 29
Décembre 1869.)

Telles sont les préventions opposées au projet du Gouvernement : je me suis efforcé de les reproduire sans les affaiblir dans leur expression , et en leur laissant leur formule la plus passionnée.

En résumé, le projet est mauvais . disent ses adversaires, il est fatal aux intérêts Européens, parce qu'il détruit les capitulations ; parceque la magistrature nouvelle n'aura ni indépendance, ni intégrité ; parce que la diversité d'origine des magistrats est un obstacle absolu à l'uniformité pratique de la juridiction; enfin, parce que le Gouvernement ne sera pas sincère dans l'exécution du traité qui organise la nouvelle institution.

QUELLE EST LA VALEUR DE CES CRITIQUES ET DE CES APPRÉHENSIONS ?

1° Les capitulations et les juridictions consulaires.

Considérées dans leur esprit et dans leur réglementation d'origine, les capitulations ont virtuellement cessé d'exister, en ce qui touche l'administration de la justice. Le régime sous lequel vit en Egypte la colonie Européenne les rappelle sans doute et en confirme les prérogatives de sollicitude et de protection ; mais l'usage imposé par la force des choses a profondément modifié leur procédure et la réserve politique de leurs stipulations. Or, si la tolérance du Gouvernement Egyptien. si même son adhésion tacite, ont permis de remplacer en fait la trop étroite économie des traités par des pratiques et des usages nouveaux favorables au développement des intérêts Européens, on ne saurait méconnaître que ce ne sont là que des innovations discrétionnaires, sans base légale, dépourvues de sanction, et qu'une telle concession du Gouvernement Egyptien ne peut lui être opposée comme un obstacle à une réglementation uniforme qui résume, ordonne et consolide les modifications dont l'expérience a démontré l'utilité.

Les représentants des puissances ont été unanimes à proclamer les inconvénients et l'anarchie de l'état actuel des choses; et leur sentiment consigné dans les procès-verbaux de leurs délibérations prouve l'opportunité, la nécessité d'une réforme, et justifie à cet égard l'initiative du Gouvernement Egyptien.

Aujourd'hui, un français, ou tel autre Européen, ou tel sujet local, *demandeur*, doit aller plaider devant la juridiction du consulat, quel qu'il soit, du *défendeur*, c'est-à-dire devant les consulats d'Autriche, d'Angleterre, de France, d'Espagne, d'Allemagne, de Grêce, de Belgique, etc., ou devant le tribunal mixte présidé par un magistrat musulman; il faut qu'il subisse la loi du défendeur qui n'est pas la sienne; et, s'il y a appel de la sentence rendue, la juridiction de première instance fixera la compétence de la Cour qui videra l'appel : ce sera la Cour à laquelle ressortit en Europe ou en Amérique le tribunal consulaire qui aura statué en Egypte sur la contestation.

Vous faites-vous une idée du désordre qui résulte d'une pareille nécessité , des dépenses considérables qu'il faut pouvoir avancer pour obtenir justice , de la douloureuse incertitude qui pèse sur l'esprit du justiciable qui ne connait personne dans le ressort étranger où il devra plaider ! Comprenez-vous, d'autre part, l'incompétence morale de magistrats qui vont être obligés de statuer, dans l'ignorance fatale des habitudes, des usages, des mœurs, de l'esprit d'un pays qu'ils ne connaissent pas !

Si, du moins, les décisions rendues par ces divers tribunaux consulaires rencontraient ici dans la solidarité de ces juridictions des garanties sévères et efficaces d'exécution ! Hélas ! il est de notoriété, et démontré par les plus tristes et les plus nombreux exemples, qu'il n'est rien de plus facile , pour un homme de mauvaise foi , que de rendre illusoire en ce qui le touche l'exécution d'une sentence.

Un négociant, par exemple, condamné par le tribunal consulaire d'Autriche ou d'Italie, et soumis à l'exécution sur ses biens du jugement rendu, passera par une cession ouvertement frauduleuse son établissement à un complice Grec ou Espagnol de nationalité : le créancier poursuivant ne pourra saisir le mobilier, les marchandises de son débiteur abrité sous le nom d'un étranger, et il devra aller plaider devant le tribunal du détenteur apparent qui pourra à son tour, s'il est condamné, se substituer un autre étranger et perpétuer ainsi sans fin la paralysie d'une décision de justice qui n'est plus qu'une désespérante dérision.

Chaque consul doit protection à ses nationaux dans le domicile desquels il n'est permis de pénétrer à aucune autorité étrangère, sans son intervention. Or, si le Consulat de France s'honore par la sévère discipline à laquelle il astreint ceux qui relèvent de sa protection, son exemple n'a pas toujours fait règle, et la chronique a conservé le souvenir de trop regrettables exceptions.

Jugez par là de l'absence de prestige et d'autorité, en ce pays, de l'idée de justice, et combien cette impuissance de la sanction juridique affaiblit et compromet dans les âmes le culte et le respect du droit et de la loi.

Mais je n'ai soulevé qu'un coin du voile qui cache tant de misères.

Lisez le rapport de la Commission du Caire ; vous y verrez l'acte d'accusation formulé sans faiblesse contre l'état présent des choses, et relevant soit à la charge des juridictions consulaires, soit à la charge du Gouvernement du Vice-Roi, les moins contestables responsabilités. Les abus de toute sorte, les contradictions inconciliables des décisions judiciaires, la mauvaise organisation des tribunaux locaux, les usurpations, les ingérences arbitraires de l'autorité administrative, toutes ces infirmités du régime actuel ont été vigoureusement mises en relief dans le travail de la Commission, et reconnues avec une égale loyauté par les Consuls et par l'éminent représentant du Gouvernement Egyptien.

« En résumé, dit le rapport, le système actuel de

« juridiction, la multiplicité des tribunaux et des lé-
« gislations appliquées, et le défaut d'organisation de la
« justice locale offrent des inconvénients très-fâcheux
« et qui nuisent à tous les intérêts.

« Le Gouvernement, le pays en général, les indigènes,
« les étrangers, ont gravement à s'en plaindre.

« Et la commission doit déclarer qu'il lui paraît né-
« cessaire qu'une réforme sérieuse mette fin à ces
« imperfections. »

Tel est le jugement porté par des hommes graves,
connaissant le pays, sur un régime de fait dont ils ont
personnellement apprécié les défectuosités, et qui ne
peut plus se prolonger sans péril.

Le projet, à mon sens, relève et raffermit, en le mo-
difiant, le régime protecteur des capitulations. Sans tou-
cher à la souveraine autorité des agents et des consuls,
dont la vigilance sera toujours la suprême tutelle des
personnes et des intérêts confiés à leur patriotique sollicitude, le Gouvernement Egyptien demande à faire juger
dans son pays les différends privés internationaux par
un haut jury international inamovible qui, dans la pratique de traditions supérieures, porte et affirme le signe
et le gage de l'alliance de deux civilisations jusqu'ici
défiantes et hostiles, au préjudice de leurs communs et
réciproques intérêts. Il demande aux nations intéressées
des magistrats qui, avec l'autorité de leurs lumières et
de leur mandat, composent une administration uniforme
de la justice, appliquent à tous la même loi, imposent le
respect des décisions judiciaires, et fondent une juris-

prudence où le législateur trouvera plus tard les éléments d'un droit mixte nouveau, approprié à la réconciliation des intérêts et des aspirations qui manquent de confiance et de sympathie.

La seule réserve rationnelle et honorable est indiquée par la commission elle-même ; et tout esprit que n'aveugle pas la prévention avec laquelle toute discussion est impossible, conclura comme elle : « Il est bien entendu « que cette réforme ne peut être acceptée, que si le « système à organiser présente des garanties qui soient « de nature à tranquilliser tous les intérêts, et qu'à une « situation dans laquelle l'exercice des droits de chacun « est entravé par des difficultés nombreuses, il faut éviter « de substituer un état de choses où ces droits pourraient « être méconnus et livrés à l'arbitraire, sous le « couvert de la justice. »

Ces garanties sont-elles assurées par le projet du gouvernement, tel qu'il a été amendé par la commission consulaire ? c'est ce qu'il faut examiner.

2° La magistrature nouvelle méritera-t-elle confiance par son indépendance et son intégrité ?

Les adversaires de la nouvelle organisation judiciaire n'en contestent pas sérieusement l'opportunité : ils l'admettent, en principe, mais ils refusent à priori à cette magistrature toute indépendance et toute intégrité.

J'avoue mon embarras pour répondre à cette prévention aussi brutale que passionnée : c'est, en effet, l'inconnu que l'on suspecte, que l'on condamne, que l'on flétrit d'avance. C'est tel caractère droit, ferme, patriote, que le ministre de la justice d'un Gouvernement Européen aura jugé digne de venir ici, dans une mission de justice, représenter la conscience et l'honneur de sa patrie, c'est ce caractère que la prévention accueillera avec ses méfiances et ses soupçons ! Ce sont là des offenses et non plus des raisons : la discussion sérieuse, qui cherche dans le sens moral son inspiration, se récuse, et à l'injure a le droit d'opposer le dédain.

Quant aux juges indigènes, la prévention est-elle plus justifiée ? Admettons qu'il n'aient d'abord ni l'expérience ni les lumières qui seront le partage des magistrats éprouvés venus de l'étranger ; mais la pratique des tribunaux mixtes, où domine l'élément musulman, n'a pas prouvé que ces esprits fussent incapables de rendre la justice, ni moins jaloux de leur indépendance que leurs collègues Européens. Les adversaires du projet ne disent-ils pas, pour justifier leur résistance que les tribunaux mixtes, tels qu'ils fonctionnent aujourd'hui, suffisent aux besoins de la justice, et que l'administration seule est coupable de ne pas assurer l'exécution de ses jugements ? S'ils sont sincères dans leur aveu, n'expriment-ils pas en même temps la justification la moins suspecte de la compétence et des aptitudes intellectuelles et morales des juges indigènes, quand ils seront appelés à rendre la justice dans une plus parfaite organisation.

Le Gouvernement Égyptien mettra sans doute son

amour-propre et son honneur à choisir parmi les siens des hommes qui se recommandent par leur caractère et leur éducation. Il voudra préparer à cette grave et délicate mission la jeunesse qu'il confie chaque année au génie Européen, pour qu'elle puise au sein des universités ces connaissances, ces traditions, ces habitudes d'esprit qui assurent le développement utile des aptitudes. Il saura bien d'ailleurs créer plus tard une école indigène qui vulgarisera la connaissance du droit spécial appliqué par la nouvelle juridiction; et, si l'on veut considérer que ce droit spécial ne peut être en principe que le *droit des gens* exprimé par les quatre grands contrats du droit romain, réfléchis et traduits dans toutes les législations Européennes, on reconnaîtra que les connaissances légales exigées du magistrat indigène ne seront que l'auxiliaire d'une faculté qui prime toutes les autres, le bon sens associé à la bonne foi. D'ailleurs les magistrats indigènes auront pour les guider la discipline élevée de leurs collègues Européens, et nul doute que cette confraternité nécessaire de devoir et d'action ne détermine une solidarité de délicatesse et d'honneur, qui gardera toutes les consciences et commandera le respect aux plus hostiles préventions.

Toutefois, le Gouvernement et la Commission Consulaire ne se sont point renfermés dans ces scrupules; sans présumer ni défaillance, ni indignité, ils ont voulu tenir compte des plus ombrageuses susceptibilités, et ils ont donné pour sanction aux garanties morales qui doivent assurer l'indépendance et l'intégrité de la nouvelle magistrature, des pénalités dont la formule seule serait blessante, si elle n'était excusée par le devoir supérieur, non pas de rassurer, mais de réduire au silence les plus systématiques oppositions.

Passons à un autre grief.

3° La diversité d'origine des magistrats est un obstacle absolu à l'uniformité pratique de la juridiction.

Comment voulez-vous, dit-on, que puissent s'entendre des hommes qui ne parlent pas la même langue, qui professent des religions différentes, qui ont reçu des éducations si diverses, et qui ne sont pas plus exempts que leurs compatriotes des préjugés de nationalité ? Vous aurez la confusion des esprits pour juges, et la Tour de Babel pour temple de votre juridiction.

Est-il un seul de ces reproches qu'on ne puisse adresser à l'état actuel des choses ?

Qu'est-ce que ces seize juridictions consulaires ? C'est bien, j'imagine, la diversité dans son essence ; c'est bien plus encore, on ne saurait le nier, c'est l'isolement, le préjugé jaloux, sans contrôle ; c'est bien souvent l'antagonisme sans désir et sans espoir d'entente et de conciliation. Chaque tribunal se renferme dans son prétoire comme dans une forteresse parfois inaccessible aux étrangers.

A-t-on oublié la parole de ce magistrat consulaire d'une grande nation, disant ici du haut de son siége à

un plaideur étranger qui demandait justice : « allez
« dire à votre consul que je consentirai à vous entendre,
« quand il voudra bien rendre lui-même la justice à
« mes nationaux. »

Et, parait-il, cette représaille ne manquait pas d'opportunité. Or, l'on m'assure que, pour avoir moins
d'éclat, les conflits de ce genre n'en sont pas moins
fréquents ni moins scandaleux.

Il n'est qu'un remède à un pareil désordre qui n'a
malheureusement rien de chimérique : gouvernement et
commission sont unanimes à le proposer : « l'institu-
« tion d'une juridiction unique, appliquant une loi uni-
« forme et connue. » (Rapport, p. 8)

Quand les magistrats d'origine diverse, semblables
d'ailleurs à cet égard aux justiciables, auront à délibérer.
la nécessité autant que le devoir amènera les esprits à
une sorte de sympathie d'où sortiront l'unité de vues, la
résolution des préjugés et ces transactions réfléchies qui
prouveront à la fois la convenance, l'utilité et la féconde
valeur de l'institution.

L'unité se fera ici dans la diversité des éléments,
comme elle s'est accomplie au sein des sociétés Européennes.

La multiplicité et la rivalité des juridictions ont-elles
empêché Philippe-le-Bel de créer cette puissance qui
devait dominer et discipliner toutes les autres, les Par-
lements ? La diversité et l'opposition des coutumes en
France ont-elles empêché l'assemblée Constituante de
décréter et d'accomplir l'unité de loi et l'unité de juridic-

tion ? La diversité d'origine, de langage, de tempérament, a-t-elle empêché les Etats-Unis d'Amérique d'organiser avec succès cette même unité, en maintenant à chaque groupe, dans une convenance mesurée, les immunités nécessaires à son autonomie.

Et cependant les adversaires de ces grandes et bienfaisantes créations s'efforçaient de les combattre par les mêmes défiances et par les mêmes préventions !

Les institutions ont répondu par une triomphante expérience : elles ont persuadé les timides et loyales incrédulités, en rendant les services qu'on attendait de leur génie ; et par le respect et l'autorité dont elles jouissent, elles ont récompensé la foi généreuse des hommes qui les avaient conçues et qui n'avaient douté ni de leur puissance ni de leur efficacité.

Le Gouvernement Egyptien n'hésite pas, sous l'inspiration de considérations supérieures, à tenter au profit de sa propre fortune cette expérience nouvelle, qui fera connaître à quel degré de sociabilité réelle sont arrivées ici les diverses nations dans l'échange des idées, dans le respect mutuel des personnes, aussi bien que dans la pratique des affaires et des transactions. C'est là une grande et noble initiative, toute exceptionnelle dans le génie de l'Orient, et dont il faut savoir gré au souverain qui en poursuit la réalisation et le succès avec tant de constance et de fermeté.

*4° Le Gouvernement Egyptien ne sera pas sin-
cère dans l'exécution du traité qui organise la
nouvelle juridiction.*

Mais qu'importe, disent les irréconciliables adversaires du projet, qu'importe le caractère élevé, la pru-
dente économie et la supériorité théorique du nouvel
établissement : l'écueil est dans la politique du Gouvernement, qui ne voudra pas procurer l'exécution loyale de
ses propositions.

Sans aucun doute, la nouvelle organisation judiciaire
ne produira aucun des avantages, ne rendra aucun des
services qu'elle promet et que l'on a le droit d'en atten-
dre, si le Vice-Roi, dont le pouvoir ne comporte ici
aucun contrôle, veut faire obstacle à son exécution, et
ne témoigne pas lui-même de son respect sévère pour
une institution qui ne doit pas être soupçonnée.

Oui, assurément, dans le domaine des monstrueuses
hypothèses où aiment à s'agiter les maladives misan-
thropies, oui cette juridiction unique par la composition
même de son personnel, pourrait devenir entre les
mains du Khédive un redoutable instrument de tyran-
nie, fatal à tous les intérêts et particulièrement à la
fortune Européenne.

Mais pour que ce rêve caressé par les bienveillants
amis du Gouvernement Egyptien devienne réalité,
et comble de joie ces prophètes intéressés de scandale
et de dépravation, il faut admettre d'abord que le Khédive puisse concevoir la pensée d'une semblable trahi-

son, puis que les magistrats délégués par les Gouvernements s'empressent de devenir ses complices.

Il faut encore supposer le silence et l'inaction résignée des consuls, l'abdication de leur vigilance, et, pardessus tout, le concours des Gouvernements qui ont mis leur signature au contrat de la nouvelle alliance, et qui consentiraient à donner à la conscience publique ce témoignage de leur aveuglement, de leur folie, de leur indignité. Enfin il faut supposer que l'opinion ne s'élèverait pas dans une irrésistible exécration contre des mandataires de la Puissance publique capables de rechercher, de vendre et d'acheter d'aussi horribles services !

C'est, je pense, raisonner suffisamment par l'absurde ; et je ne suppose pas qu'il soit téméraire d'affirmer que si la confiance et l'honneur des Puissances pouvaient être non pas atteints, mais seulement menacés d'un tel outrage, le châtiment qui le vengerait relèverait le respect et l'inviolabilité des contrats et de la foi publique par l'exemple d'une inépuisable expiation. Quant à moi, je renonce à convaincre des hommes qui ne veulent croire qu'à la chute fatale des âmes, et à la dépravation nécessaire du Pouvoir.

Cette juridiction sera un véritable pouvoir souverain, le pouvoir judiciaire, tel que je le comprends, investi d'une indépendance réelle, sans lien de subordination qui le subalternise à aucune Majesté autre que celle de la Loi. Souveraineté supérieure, légitime par excellence, qui se justifie par le respect du Droit, et s'impose dès lors avec une égale autorité aux plus hautes et aux plus humbles personnalités.

Le magistrat de la nouvelle juridiction ne dira pas seulement le Droit ; il aura *Seul* le pouvoir d'assurer directement l'exécution de ses sentences. Nul pouvoir, administratif, consulaire ou autre, ne pourra faire échec à son action : et seul il aura le souci, l'honneur et le bénéfice de sa responsabilité.

N'en doutez pas, nous allons assister à une expérience absolument extraordinaire, dont la portée dépassera de beaucoup les prévisions et les espérances immédiates des esprits élevés qui l'ont conçue, quelque larges que soient d'ailleurs ces prévisions et ces espérances.

C'est le commencement de la conquête d'un monde par la suprématie de l'idée de droit et de justice, conquête longue et lente parce qu'elle proscrit toute oppression, toute violence : mais irrésistible et sûre, parce quelle emploiera nécessairement les moyens qui relèvent les âmes en les éclairant, et qu'elle fera oublier, en les répudiant, les pratiques oppressives qui éteignent les intelligences et anéantissent les volontés sous les courants maudits de la superstition, de l'ignorance, de la résignation.

Et maintenant, laissez-moi vous dire ce qui m'a particulièrement frappé dans cette initiative du petit-fils de Méhémet-Ali : c'est la hauteur et la hardiesse d'esprit avec lesquelles il tente de soulever au-dessus de ses vieilles habitudes de fanatisme et d'intolérance l'esprit musulman.

Pour la première fois, dans ce monde fermé par l'anta gonisme religieux le plus farouche à tout espoir de réconciliation avec l'esprit de l'Occident, pour la première fois, dis-je, on a entendu le prince confesser par la solennelle déclaration du plus autorisé de ses ministres, Nubar-Pacha, que *la Science et l'Esprit Européens peuvent seuls développer dans ce pays* les institutions qui permettront de ramener le peuple Egyptien dans la voie, depuis tant de siècles oubliée, du Progrès et de la Civilisation.

Trouvez-moi un souverain musulman qui, avant le Vice-Roi actuel, ait eu le courage et l'audace de dire à ses sujets musulmans : « Vous vous assiérez à côté « de magistrats Chrétiens, dans le même prétoire ; et, « dans une commune délibération, vous jugerez des « hommes dont la foi religieuse, quelle qu'elle soit, sera « pour vous l'objet d'un égal respect.

« Avec ces magistrats Chrétiens vous apprendrez à « chercher dans le Droit humain, écrit en toute con- « science, la raison de vos jugements ; et par votre « exemple vous enseignerez aux autres cette pratique du « devoir universel qui dans tout homme nous montre « notre semblable, c'est-à-dire, un être que nous devons « aimer, défendre, respecter comme nous-mêmes, et « honorer selon ses mérites et ses vertus. »

Je ne connais rien d'élevé, rien de respectable comme cette tentative, cet espoir, cette résolution de régénérer par l'effort et la pratique du Droit un peuple qui, comme ses étranges forêts pétrifiées du Mokattam semble encore immobilisé dans l'asservissement, dans l'indifférence, et dans le culte stérile de la fatalité.

Mais ce n'est là qu'une apparence.

Au-dessous de cette manifestation extérieure de la vie sociale si peu pénétrée encore par notre observation, on ne voit pas assez l'effort énergique des hommes d'Etat qui ont tant fait déjà pour la régénération si difficile de ce pays.

On ignore ou l'on veut ignorer que l'esprit d'association, par exemple, est encouragé avec quelque succès parmi les fellahs qui en comprennent la puissance, mais qui ne marchent à la conquête de cet affranchissement et de cette force économique, sous l'impulsion d'une sollicitude pleine de constance et de désintéressement, que par leurs voies, hors de nos idées, de nos moyens, guidés pourtant par la même espérance et la même foi.

L'instruction publique a pris ici , sans bruit, sans fracas, une place considérable dans les préoccupations du Vice-Roi, le seul réformateur possible en ce pays, il ne faut pas l'oublier ; et cette chose si difficile à acclimater dans notre patrie, l'enseignement public des filles, est devenue ici un fait accompli dont l'avenir déduira les fécondes conséquences avec la toute puissance qu'en Egypte, comme ailleurs, il faudra bien reconnaître à cette bienfaisante autorité de la femme, associée sérieusement par une éducation commune aux destinées de l'homme, et devenue enfin par l'instruction l'âme du foyer et de la famille, après en avoir été si longtemps la servante ou l'esclave.

Savez-vous encore qu'ici quelques esprits généreux ont eu l'idée de créer par souscription des écoles primaires libres et gratuites, pouvant réunir des enfants de toutes les religions, de toutes les nationnalités, de toutes les races ; que ces écoles, dont l'enseignement est exclusivement laïque et scientifique réunissent sur les mêmes bancs et dans un sentiment de sympathie réciproque , des enfants musulmans, israëlites, chrétiens, grecs ou catholiques romains, et que ces institutions qui ont pris racine et qui préparent plus sûrement qu'aucune autre la grande réconcialiation des esprits et des âmes, au-dessus des préjugés et du fanatisme religieux, ont pour protecteurs le Vice-Roi, ses enfants, et les hauts fonctionnaires dont la libéralité assure. le besoin de l'œuvre, et encourage aux yeux de tous son développement?

Ce sont là, je suppose, des gages éclatants donnés au monde exigeant des Réformateurs ; et j'avoue que les abus nombreux qui demandent encore ici un remède, et qu'il serait aussi puéril de nier que de nier ceux qui maintiennent depuis tant d'années en convulsion notre société française ; j'avoue, dis-je, que ces abus ne peuvent sans injustice être opposés comme fin de non-recevoir à un gouvernement qui atteste sa volonté de bien faire par des actes dont on ne saurait contester l'utilité et la grandeur.

La Réforme Judiciare est l'instrument nécessaire, je le répète, de cette transformation poursuivie avec tant de persévérance par le ministre chargé d'en soutenir la nécessité, le droit, les avantages, et qui a réussi à vaincre les résistances de bonne foi qui ne demandaient, pour se rendre, que la lumière.

Quelle que soit la fortune de cette généreuse expérience, elle restera comme un des plus grands actes politiques du Khédive, qui trouvera dans le succès de son œuvre toutes les satisfactions que les Puissances Européennes peuvent bien refuser à la force, mais qu'elles ne sauraient refuser au Droit.

Alexandrie, 1er Octobre 1873.

J.-C. COLFAVRU,

Chevalier de la Légion d'honneur, ancien Représentant, ancien Magistrat et Membre du Barreau de Paris.